Acrylmalerei Blumen und Früchte

Sie haben Lust, auf eine individuelle Raumdekoration? Dann probieren Sie einmal die Acrylmalerei aus. Sie werden erstaunt sein, wie leicht die ersten eigenen Bilder entstehen und wie viel Vergnügen Sie im Umgang mit Farben und Keilrahmen haben werden.

Acrylfarben sind in feuchtem Zustand wasserlöslich und riechen kaum. Gemalt und getrocknet ergeben sie ein wasserfestes Bild, das, ähnlich wie Ölbilder, ohne schützenden Glasrahmen aufgehängt werden kann. Da die Farbe bei Keilrahmen um die Kante herum gemalt wird, braucht man auch keinen teuren Bilderrahmen. Mit den Vorlagen und Schritt-für-Schritt-Anleitungen aus diesem Buch lassen sich leicht dekorative Highlights für Ihr Zuhause schaffen.

Viel Spaß beim kreativen Malen wünscht Ihnen

Brigitte Pohle

Die Motive lassen sich in folgende Schwierigkeitsgrade unterteilen:

● ○ ○ einfach　　　● ● ○ etwas schwieriger　　　● ● ● anspruchsvoll

Materialkunde

**GRUNDAUS-
STATTUNG**

Diese Materialien und Hilfsmittel sollten Sie zur Hand haben, sie sind in den Materiallisten nicht extra aufgeführt. Man benötigt sie für fast alle Bilder.

◆ Wasserglas und Suppenteller

◆ Mallappen

◆ Mischpalette oder Teller

◆ Kohlepapier

◆ Blei- oder Buntstift

◆ Klebefilm

◆ Radiergummi

◆ Lineal

◆ Transparentpapier

◆ Firnislack oder Firnisspray für Acrylbilder

Acrylfarben haben ein hohes Deckvermögen und eine starke Leuchtkraft. Dennoch müssen, gerade bei dunklen Farbtönen, die Farben zwei- bis dreimal aufgetragen werden. Wichtig: Die erste Farbschicht muss immer erst trocken sein, bevor zum zweiten Mal Farbe aufgetragen wird. Manche Farben sind dicker (pastos) und andere flüssiger (liquid). Am günstigsten ist für die Arbeit Farbe mit einer Konsistenz wie Joghurt – ist die Farbe zu dick, kann sie mit Wasser verdünnt werden. Die Farben trocknen wasserfest auf und können beliebig oft übereinander gemalt werden. Die Trocknungszeit beträgt ca. 30 Minuten (mit einem Föhn kann man den Trocknungsprozess beschleunigen). Acrylfarben sind untereinander gut mischbar, so dass man mit wenig Farbtönen viele Mischfarben erhält.

Pinsel: Zum Malen werden meistens Borstenflachpinsel benutzt; für kleinere Flächen in den Größen 2 bis 6, für mittelgroße Flächen in den Größen 7 bis 10 und für große Flächen in den Größen 12 bis 16. Borstenpinsel sind sehr preiswert, nutzen sich aber schnell beim Malen ab. Wenn die Borsten noch sehr lang sind, sind sie für Hintergrundmalereien gut geeignet. Je kürzer die Borsten werden, desto besser eignet sich der Pinsel für saubere Kanten. Abgespreizte Borsten mit der Schere in Form schneiden. Den Pinsel während des Malens

feucht halten, z. B. auf einem mit Wasser gefüllten Suppenteller. Für sehr große Flächen ist ein Borstenrundpinsel Größe ø 3 cm bis 5 cm geeignet. Mit einem Aquarellpinsel sind feine Linien und Spitzen einfacher zu malen. Dazu muss die Acrylfarbe jedoch mit Wasser verdünnt werden. Farbpinsel nach dem Gebrauch mit warmem Wasser und Seife reinigen.

Keilrahmen sind meist aus Kiefernholz hergestellt, mit einem Leinen- oder Baumwollgewebe bespannt und mit einer Universalgrundierung (Gesso) beschichtet. Wenn die Leinwand auf die Rückseite des Keilrahmens getackert ist, kann man den Rand mit bemalen und das Bild ohne Bilderrahmen aufhängen.

2

So wird's gemacht

Motivgröße ändern

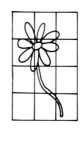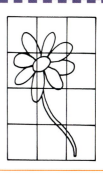

Die Vorlagen sind in Originalgröße abgebildet. Für größere oder kleinere Keilrahmen kann das Motiv mit Hilfe eines aufgezeichneten Rasters vergrößert oder verkleinert werden. Das Bild dazu auf Transparentpapier aufzeichnen und mit dem Lineal in beliebig viele, gleich große Quadrate aufteilen. Dieselbe Anzahl Quadrate auch auf die Leinwand zeichnen, aber entsprechend größer oder kleiner. Nun die Linien aus jedem Kästchen im Verhältnis passend in das richtige Quadrat auf der Leinwand übertragen. Natürlich geht so eine Größenveränderung auch mit einem Fotokopierer. Falls das Bild sehr groß werden soll, müssen mehrere Teilkopien gemacht werden.

Farben mischen

Viele Farbtöne entstehen durch Mischungen auf der Palette. Immer die erstgenannte Farbe nehmen und wenig von der nächstgenannten Farbe hinzufügen, bis der passende Farbton erreicht ist (der Farbanteil der dritten oder vierten genannten Farbe wird immer geringer). Manchmal entstehen Mischfarben als Farbübergänge auch direkt auf der Leinwand. Immer mit der hellen Farbe beginnen, dann wenig dunklere hinzufügen und mit der hellen den Farbübergang verstreichen; Stück für Stück dunkler bzw. andersfarbiger werden. Ist eine Farbfläche getrocknet, kann darüber mit Wasser ein Farbübergang gemalt werden. Man beginnt, die Farbe aufzutragen und wird mit Wasser immer dünnflüssiger (durchscheinender), so dass ein gleichmäßiger Übergang entsteht. Um eine Farbe aufzuhellen oder einen Mischton zu erreichen, kann man auch die Farbe mit mehr oder weniger Wasser verdünnen, so dass sie transparent wird und der Untergrundfarbton hindurch scheint.

Gelb, Rot und Blau sind Grundfarben, die nicht angemischt werden können. Alle anderen Farben lassen sich mit diesen Farben mischen. Aus je zwei Grundfarben entstehen Orange, Violett und Grün, die Sekundärfarben (siehe unten).

Alle anderen Farben können mit Grundfarben und Sekundärfarben gemischt werden.

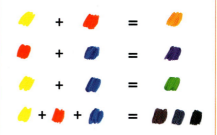

3

Schritt für Schritt erklärt

1. Vorlage übertragen

Kohlepapier mit der dunklen Seite nach unten auf die Leinwand legen und die Vorlage passend darauf mit Klebefilm fixieren. Mit einem Blei- oder Buntstift die Linien nachzeichnen. Wird erst der Hintergrund über die ganze Fläche gemalt, überträgt man das Motiv darauf und überarbeitet es anschließend mit Weiß. Dann erst die endgültigen Farben auftragen. Wenn der Hintergrund nur kleinflächig ist, erst das Motiv direkt auf die Leinwand übertragen und den Hintergrund darum herummalen. Dabei den Farbton etwas in das Motiv hineinmalen, damit ein gleichmäßiger Übergang entsteht. Bei großen Farbdifferenzen die übermalten Randbereiche mit Weiß säubern, bevor die endgültige Farbe aufgetragen wird.

2. Hintergrund malen

Meistens wird mit der Hintergrundmalerei begonnen. Mit einem großen Borstenpinsel oder einem Schwämmchen die Farbe fest in die Leinwand reiben. Dabei ist die Pinselstrichrichtung wichtig. Besonders angenehm wirken kreuzförmig aufgetragene Pinselstriche, aber auch ein waagerechtes Verstreichen der Farbe, z. B. von hell nach dunkel bei einem Himmel, ist sehr ausdrucksstark. Wird Farbe mit dem Schwämmchen aufgetupft, ergibt sich eine wolkige Struktur. Die Farbe immer gleich um die Keilrahmenkante herum malen. Evtl. auch das Motiv nach Augenmaß um die Kante herum zeichnen und in den passenden Farben ausmalen. Den ersten Farbauftrag immer gut trocknen lassen, bevor man zum zweiten oder dritten Mal die Farbe aufträgt.

kurze kreuzförmige Pinselstriche

waagrechte Pinselführung (mit Farbverlauf)

Tupfen mit dem Schwämmchen

3. Motiv malen

Das Motiv, beginnend mit den hinteren Formen, ausmalen. Den Pinsel in Streichrichtung (auf den Vorlagen bisweilen durch Pfeile gekennzeichnet) führen. Wenn keine Streichrichtung angegeben ist, die Fläche gleichmäßig malen. Eine saubere Motivkante erhält man, wenn der Pinsel mit den Borsten gegen die Außenkante gehalten wird.

Eine Zeichenlinie auf dem Vorlagenbogen bedeutet immer einen Farbtonwechsel, d. h., beispielsweise ein gelbes Blatt wird orangefarben zu der Seite hin abgedunkelt, wo es vom nächsten Blatt überdeckt wird. Immer abwechselnd von hell nach dunkel, zur Schattenkante malen.

4. Firnis auftragen

Zum Schutz des Bildes vor Schmutz und Staub muss es mit einem Firnislack überzogen werden, je nach Geschmack glänzend oder matt. Mit einem Borstenpinsel Größe 12 den Lack in je ca. 10 cm großen Flächen einmal längs und einmal quer dünn aufstreichen. Wurden auf das Bild Linien mit Lackmalern o. Ä. aufgetragen, Firnisspray benutzen, damit die Linien nicht verwischen. Der Lack trocknet in ca. einer bis drei Stunden.

Tipps und Tricks

▶ Malen Sie immer von hinten nach vorne. In der Regel beginnen Sie mit dem Hintergrund.

▶ Malen Sie immer von hell nach dunkel und mischen Sie auch die Farben immer von hell nach dunkel zusammen.

▶ Paynesgrau wirkt, wenn es deckend aufgetragen wird, schwarz. Mit Wasser verdünnt ergibt sich ein guter Schattenfarbton in Blaugrau; mit Weiß gemischt ein schönes Grau.

▶ Trocknen Sie mit dem Mallappen nach dem Säubern die Pinsel, so dass Sie beim Weiterarbeiten keine wässrige Farbe mischen.

Magnolien

→ im Doppelpack schöner

ZEITAUFWAND
pro Bild
ca. 2 Stunden

VORLAGEN-BOGEN 1A

MATERIAL
- 2 Keilrahmen, 24 cm x 30 cm
- Acrylfarbe in Weiß, Kobaltblau, Magenta, Schwarz, Dunkelbraun und Mittelgelb
- Borstenflachpinsel Größe 12
- Aquarellpinsel Größe 8

1 Das Motiv mit Kohlepapier auf die Leinwand übertragen.

2 Den Hintergrund mit dem Borstenpinsel in einer Mischung aus Weiß und Blau bemalen. Dazu die Farbe zweimal mit kreuzförmigen Pinselstrichen auftragen. Nach unten etwas dunkler werden.

3 Die Blütenblätter in Streichrichtung mit Weiß malen, in die feuchte Farbe Grau hineinstreichen (aus Weiß und Schwarz) und stellenweise Akzente aus einer Weiß-Blau-Magenta-Mischung auftragen. Immer nur ein Blatt nach dem anderen malen, so bleiben die Farben, die ineinander gemischt werden sollen, feucht. Die Farbmischung auf der Palette vorbereiten. Ein unteres Blatt hat immer eine dunklere Schattenkante zum darüberliegenden Blatt.

4 Die Zweige und Blütenmitten mit Braun-Schwarz-Weiß-Mischungen malen. Dazu die Farbe verdünnen und den Aquarellpinsel benutzen. Nach dem Trocknen mit der Pinselspitze und verdünntem Weiß-Gelb die Linien auf den Blütenstempel aufzeichnen.

5 Zum Schutz des Bildes Firnislack auftragen.

7

Tulpen

→ in Vase mit graphischem Muster

ZEITAUFWAND
ca. 4 Stunden

MATERIAL
- Keilrahmen, 30 cm x 30 cm
- Acrylfarbe in Weiß, Schwarz, Zinnoberrot, Goldgelb, Mittelgrün und Türkisblau
- Borstenflachpinsel Größe 4 und 12
- Aquarellpinsel Größe 4
- Schwämmchen

VORLAGENBOGEN 2B

1 Das Motiv mit Kohlepapier auf die Leinwand übertragen.

2 Die Grüntöne im Hintergrund mit dem großen Borstenpinsel je zweimal auftragen. Mischungen: Grün, Weiß-Grün, Grün-Weiß, Grün-Weiß-Rot. Achtung: Die Tulpen weiß lassen, unter dem Schleierkraut jedoch den Hintergrund aufmalen.
Den Untergrund in Türkis und Schwarz malen, unter der Vase im Schatten sehr dunkel.

3 Die einzelnen Farben der Vase ausmalen (Mischungen: Weiß-Schwarz, Türkis-Schwarz, Grün-Gelb-Weiß, Weiß-Schwarz).

4 Die Blütenblätter mit Rot, Rot-Gelb, Rot-Weiß in Streichrichtung ausmalen. Hellere und dunklere Blätter wechseln sich ab. Oben ist alles heller, unten dunkler. Die Stängel in Grün-Gelb-Mischungen malen.

5 Ein Schwämmchen leicht anfeuchten und in weiße Farbe tupfen. Erst auf einem Blatt Papier üben und, wenn die Tupfen gut aussehen, auf die Leinwand das Schleierkraut frei Hand etwa in der angegebenen Form auftupfen. Mit dem Aquarellpinsel wenige weiße Tupfen hinzufügen.

6 Mit dem Aquarellpinsel und verdünntem Schwarz die Schatten auf der Vase und die Staubgefäße in zwei Tulpen malen.

7 Das fertige Bild mit Firnislack überziehen.

ZEITAUFWAND

pro Bild
ca. 5 Stunden

MATERIAL ORANGE

- Keilrahmen, 30 cm x 30 cm
- Acrylfarbe in Weiß, Orange, Goldgelb, Dunkelgrün, Schwarz und Karminrot
- Borstenflachpinsel Größe 4 und 12
- Aquarellpinsel Größe 6
- Lackmaler in Gold

ZITRONE

- Keilrahmen, 30 cm x 30 cm
- Acrylfarbe in Weiß, Orange, Goldgelb, Dunkelgrün, Schwarz, Karminrot und Dunkelbraun
- Borstenflachpinsel Größe 4 und 12
- Aquarellpinsel Größe 6
- Lackmaler in Gold

VORLAGENBOGEN 1B

Orange und Zitrone

→ frische Früchte, dekorativ gerahmt

Orange

1 Das Motiv ohne Schrift auf den Keilrahmen übertragen.

2 Mit dem großen Pinsel den Hintergrund in der Mitte Weiß-Gelb-Orange malen und nach unten etwas verdünntes Schwarz darüber streichen.

3 Den breiten Rand, auf den später die Schriftzüge aufgeschrieben werden, in einer Weiß-Orange-Rot-Mischung malen, den mittleren Rand ebenso, nur etwas mehr Orange hinzufügen. Die Keilrahmenkante mit einer Mischung aus Weiß-Orange-Rot-Schwarz malen.

4 Die Orangen in Orange grundieren, mit Weiß heller werden und mit Rot-Schwarz, in das Orange gemischt wurde, nach unten dunkel werden.

5 Mit dem kleinen Pinsel die Blüten in Weiß grundieren, Orange in die Mitte tupfen und mit verdünntem Orange die Blütenblätter übermalen. Mit Weiß die Linien der angeschnittenen Frucht nachmalen.

6 Mit verdünntem Schwarz die Schatten unter den Orangen

malen und die zwei schmalen Rahmenkanten etwas überziehen, so dass man den Eindruck eines antiken Rahmens bekommt.

7 Mit dem Aquarellpinsel die Blätter mit Grün und Grün-Weiß, die Stängel mit Grün-Schwarz malen. Mit verdünntem Grün-Schwarz die Blütenränder etwas akzentuieren.

8 Die Schriftzüge auf den Rahmen übertragen oder in eigener Handschrift aufschreiben. Mit dem Aquarellpinsel und verdünntem Orange die Schrift nachmalen und mit dem goldenen Lackmaler übermalen, so dass alle Kopierlinien überdeckt werden.

9 Mit dem goldenen Lackmaler und einem Lineal die Rahmenränder nachzeichnen. Das Bild zum Schutz mit Firnisspray übersprühen.

Zitrone

1 Das Motiv ohne Schrift auf den Keilrahmen übertragen.

2 Mit dem großen Borstenpinsel den Hintergrund in der Mitte mit Weiß-Rot-Orange oben und unten mit Braun vermischt grundieren.

3 Mit Weiß-Orange-Rot den breiten Rahmen, auf den später die Schriftzüge aufgeschrieben werden, anmalen. Mit derselben Farbe plus etwas Schwarz die Rahmenkante und den inneren schmalen Rahmen malen, letzteren aber mit etwas Orange aufgefrischt.

4 Mit dem kleineren Pinsel die Zitronen in Gelb malen. An den hellen Stellen etwas Weiß hinzufügen und an den Schattenkanten mit etwas Braun abdunkeln. Mit Weiß die Linien der angeschnittenen Frucht nachmalen.

5 Die weißen Blüten malen, die Mitte Gelb-Orange tupfen und mit verdünntem Gelb die Blütenblätter überlagern. Etwas Orange in die offene Zitrone tupfen.

6 Die grünen Blätter und Stängel malen: die oberen Flächen in einer Grün-Weiß-Mischung, die unteren Stellen in Grün.

7 Mit dem Aquarellpinsel den Schatten unter den Zitronen mit verdünntem Braun und direkt an der Kante als Schattenlinie in Schwarz malen.

8 Etwas sehr stark verdünntes Schwarz über die Ränder der

Margeriten

→ ganz plastisch

ZEITAUFWAND
ca. 2 Stunden

MATERIAL
- Keilrahmen, 20 cm x 50 cm
- Acrylfarbe in Weiß, Ultramarinblau, Kobaltblau, Mittelgrün, Gelb und Schwarz
- Borstenflachpinsel Größe 4 und 12
- Aquarellpinsel Größe 6

VORLAGENBOGEN 3A

WEITERFÜHRUNG

Orange und Zitrone

Rahmen streichen, um einen Alterungsprozess vorzutäuschen.

9 Die Schrift auf den Untergrund übertragen oder handschriftlich selbst aufschreiben. Mit dem Aquarellpinsel und verdünntem Gelb nachschreiben. Mit dem goldenen Lackmaler die Schrift nachschreiben, so dass die Kopierlinien überdeckt werden.

10 Mit dem Lackmaler und dem Lineal die Rahmenkanten nachzeichnen. Zum Schluss das Bild mit Firnisspray besprühen.

1 Den Hintergrund mit dem großen Borstenpinsel in waagerechter Linienführung von Ultramarinblau in Kobaltblau übergehend malen, trocknen lassen und einmal wiederholen.

2 Das Motiv mit Kohlepapier auf den Hintergrund übertragen.

3 Die weißen Blütenblätter in leicht verdünntem Weiß mit dem Aquarellpinsel malen. Jedes Blatt ist ein Abdruck des Pinsels und wird nur wenig vermalt.

4 Die gelbe Blütenmitte zunächst mit Weiß grundieren, dann mit Gelb übermalen. Nach unten hin als Schatten mit Grün-Schwarz abdunkeln.

5 Die Unterseiten der Blütenmitten, die Stängel und Blätter mit Grün malen: zum Licht hin mit Grün-Weiß heller, zur Schattenkante hin mit Grün-Schwarz dunkler.

6 Das trockene Bild mit Firnislack überziehen.

Mohn- blumen

→ mit zarten Härchen

ZEITAUFWAND
für beide Bilder ca. 4 Stunden

MATERIAL
- 2 Keilrahmen, 50 cm x 50 cm
- Acrylfarbe in Weiß, Paynesgrau, Schwarz, Gelb, Zinnoberrot, Karminrot, Orange und Mittelgrün
- Borstenrundpinsel Größe ø 4 cm
- Borstenflachpinsel Größe 6 und 16
- Aquarellpinsel Größe 6

VORLAGENBOGEN 2A

1 Das Motiv mit Kohlepapier auf beide Rahmen übertragen.

2 Ca. 30 ml Farbe aus Weiß und Grau mischen und den Hintergrund mit dem Rundpinsel in diagonaler Richtung anmalen. Links oben mit Weiß heller, rechts unten mit Grau etwas dunkler. Nach dem Trocknen wiederholen. Die Hintergrundfarbe ruhig über die grünen Stiele und Blätter malen. Die Blüten aber weiß lassen.

3 Mit dem großen Flachpinsel erst die hinteren, dann die vorderen Blütenblätter mit Zinnoberrot malen und nach innen, im Übergang an den Schattenbereichen, mit Schwarz dunkler werden.

4 Mit Weiß die Außenkanten der Blütenblätter übermalen und mit Orange-Rot überdecken. So Blatt für Blatt malen: an der Außenkante heller, im Schattenbereich dunkler.

5 Die fertigen Blüten mit Karminrot übermalen; der Farbton deckt nicht, sondern intensiviert den unteren Farbton und verwischt den Übergang von Rot zu Rot-Schwarz.

6 Mit dem kleinen Borstenpinsel die Stängel, das Blatt und die Knospe malen. Mit Grün beginnen und nach unten mit Grün-Schwarz dunkler werden. Das Grün mit Wasser verdünnen und mit dem Aquarellpinsel die feinen Härchen ziehen: beginnend am Stängel, mit der Pinselspitze nach außen streichen.

7 Mit dem kleinen Borstenpinsel die Staubgefäße mit Schwarz in die Blütenmitte tupfen und nach dem Trocknen wiederholen. Einen kleinen Kreis in der Blütenmitte in Gelb-Grün auftupfen. Mit dem Aquarellpinsel feine Punkte in verdünntem Schwarz aufbringen.

8 Zum Schutz das Bild mit Firnislack überstreichen.

Sonnenblumen

→ spätsommerliche Hingucker

ZEITAUFWAND
ca. 4 Stunden

MATERIAL
- Keilrahmen, 30 cm x 50 cm
- Acrylfarbe in Weiß, Schwarz, Dunkelbraun, Mittelgrün, Zitronengelb, Goldgelb, Ocker, Orange und Kobaltblau
- Borstenflachpinsel Größe 6 und 16
- Aquarellpinsel Größe 6

VORLAGENBOGEN 2B

1 Das Motiv mit Kohlepapier auf die Leinwand übertragen.

2 Mit dem großen Borstenpinsel den Hintergrund malen. Dazu Weiß, Blau und Grün mischen und in kurzen Pinselstrichen auftragen. Um die Blüten herum mit Weiß heller malen. Nach unten links mit Blau den Farbton abdunkeln, ebenso links oben. Rechts unten durch Zugabe von Grün den Farbton verändern.

3 Die Blütenblätter mit dem kleinen Borstenpinsel malen, beginnend mit den hinteren Blättern in Ocker-Weiß-Gelb-Orange-Mischungen: nebeneinanderliegende Blätter immer in verschiedenen Mischungen ausmalen, wobei jedes einzelne Blatt in sich verschiedene Gelbabstufungen hat. Nach dem Trocknen mit dem Aquarellpinsel diese Farbgebung mit verdünnter Farbe wiederholen, dabei die spitzen Winkel besonders gut ausmalen

4 Mit Grün-Gelb an den hellen Stellen und Grün-Blau an den dunklen Stellen die Stängel und Blätter ausmalen.

5 Mit dem kleinen Borstenpinsel die Blütenmitten mit Braun-Schwarz am äußeren Rand kreis- bzw. ellipsenförmig auftupfen: Mit Orange heller werden und weiter kreisförmig die Farbe auftragen. Zur Mitte hin mit Schwarz dunkel werden, dann wieder heller, zuletzt im Mittelpunkt dunkel.

6 Das Bild zum Schutz mit Firnis überziehen.

Baumblüten

→ zart-pastellig

1 Die Motive mit Kohlepapier auf die Keilrahmen übertragen.

2 Den Hintergrund mit dem Borsten-flachpinsel Größe 12 in Weiß-Grau aus-malen und nach dem Trocknen eine weitere Farbschicht auftragen.

3 Jedes einzelne Blütenblatt, begin-nend mit den hinteren, in Weiß malen und mit Grün und Grau in Streichrich-tung strukturieren. In der Blütenmitte und an der Schattenkante ist es dun

4 Mit dem kleinen Borstenpi
Blütenmitte mit Gelb und u
auftupfen und nach dem
die Staubgefäße Punkt
Weiß-Gelb darauf m

5 Mit dem Aqua
in Grün und unt
malen, direkt
ten dunkel.

6 Jede
Blüten
chen
te

mit dem Finger
auftragen und

as Bild mit Firnislack

**ZEIT-
AUFWAND**
pro Bild ca. 1 Stunde

MATERIAL
◆ 4 Keilrahmen,
20 cm x 20 cm
◆ Acrylfarbe in Weiß,
Phthalo-
gelb
insel
12
sel

el Glas-

RLAGEN-
GEN 3A

Tomaten und Gurken

→ im Antik-Look

**ZEIT-
AUFWAND**
pro Bild
ca. 3 Stunden

**MATERIAL
TOMATEN**
◆ Keilrahmen,
30 cm x 30 cm

◆ Acrylfarbe in Weiß,
Ocker, Orange, Karmin-
rot, Mittelgrün, Mittel-
gelb und Schwarz

◆ Borstenflachpinsel
Größe 6 und 16

◆ Aquarellpinsel Größe 6

◆ Lackmaler in Gold

◆ Krakelierlack

GURKEN
◆ Keilrahmen,
30 cm x 30 cm

◆ Acrylfarbe in Weiß,
Ocker, Orange, Mittel-
grün, Mittelgelb und
Schwarz

◆ Borstenflachpinsel
Größe 6 und 16

◆ Aquarellpinsel Größe 6

◆ Lackmaler in Gold

◆ Krakelierlack

**VORLAGEN-
BOGEN 1B**

Tomaten

1 Von der Kante aus eine Umran-
dung von 3,5 cm und 4,5 cm abmes-
sen und aufzeichnen. Mit dem großen Borstenpinsel den inneren
Hintergrund mit einer Farbmischung aus Weiß, Ocker, Orange
und Rot, oben heller und unten
dunkler, in kreuzförmigen, kurzen
Pinselstrichen ausmalen. Den
schmalen Rand in einer Rot-Grün-
Mischung (= Schwarz) malen. Den
breiten Rahmen in einer Mischung
aus Rot plus wenig Grün zweimal in
einem rötlichen Braun anmalen (bei
der Gurke mehr Grün nehmen).

2 Das Motiv auf die Mitte übertragen, der dunklere Hintergrund ist
unten. Der Stängel ist ca. 3 cm vom
oberen, die Tomate ca. 2 cm vom
unteren Rand entfernt.

3 Mit dem Aquarellpinsel und
verdünnter Farbe das Motiv ausmalen, beginnend mit den roten Tomaten, die nach unten und zur Schattenkante hin durch Zumischung von
wenig Schwarz dunkler werden.

4 Die grünen Stängel und das
Blatt mit Grün-Braun malen. Den
Schatten mit Grün-Schwarz anmi-
schen und ausmalen. Wenn die Farben trocken sind, einen zweiten

Farbauftrag malen, wobei die Grüntöne mit Grün-Schwarz nach unten
hin dunkler werden.

5 Weiße Lichter und Blüten
malen. Die Blütenmitte mit Gelb
auftupfen und mit wenig verdünntem Schwarz eine dunkle Kante
unter der Mitte zeichnen. Stark verdünntes Gelb über die weißen
Glanzlichter auf den Tomaten
malen.

6 Danach den breiten Rand nach
innen mit Klebefilm abkleben, mit
Krakelierlack in einer Richtung
bestreichen und trocknen lassen
(ca. 6 Stunden oder verkürzt mit
dem Föhn). Auf den trockenen Lack
eine Farbmischung aus Weiß, Rot,
Ocker und Schwarz mit einem kurzen Strich neben dem anderen
malen. Nicht zwei- oder dreimal
über eine Stelle streichen oder die
Malrichtung ändern. Der Krakelier-
effekt beginnt sofort.

7 Nach dem Trocknen den Klebefilm vorsichtig entfernen und die
Rahmenränder mit einem Lineal
und dem goldenen Lackmaler nachzeichnen. Zuletzt das Bild mit
Firnislackspray übersprühen.

Rose

→ für Romantiker

ZEITAUFWAND
ca. 3 Stunden

MATERIAL
- Keilrahmen, 40 cm x 40 cm
- Acrylfarbe in Zinnoberrot, Karminrot und Schwarz
- Borstenflachpinsel Größe 12

VORLAGENBOGEN 1A

1 Das Motiv mit Kohlepapier auf den Keilrahmen übertragen.

2 Beginnend mit der Mitte die Blütenblattflächen mit Zinnoberrot ausmalen, in die feuchte Farbe wenig Schwarz einmischen und zur Schattenkante hin dunkel werden. Helle und dunkle Farbflächen wechseln sich ab.

3 Den Hintergrund zwei- bis dreimal mit Schwarz malen, zwischendurch immer gut trocknen lassen.

4 Mit Karminrot die Übergänge von Zinnober zu Schwarz übermalen; der Farbton ist transparent und vertieft die Farbwirkung. Die Blattränder nicht übermalen.

5 Das Bild mit Firnislack überziehen.

Tipp: Beachten Sie bei diesem Bild unbedingt die auf der Vorlage angegebenen Pinselstrichrichtungen.

WEITERFÜHRUNG

Tomaten und Gurken

Gurken

1 Den Schritt 1 wie bei den Tomaten beschrieben arbeiten.

2 Das Motiv auf die Keilrahmenmitte übertragen, den Stängel ca. 5 cm vom oberen, die untere Gurke ca. 1 cm vom unteren Rand entfernt.

3 Mit dem Aquarellpinsel die Blüte in Gelb-Weiß-Orange malen.

4 Mit Grün-Weiß die Blätter ausmalen und nach dem Trocknen wiederholen, wobei die obere Seite heller ist, die untere Seite und die Schattenkante mit Grün-Schwarz abgedunkelt. Auf die trockene Fläche die Blattadern mit verdünnter dunkelgrüner Farbe aufzeichnen.

5 Stängel und Gurken ausmalen: oben mit Gelb-Grün, unten mit Grün-Schwarz in Streichrichtung. Mit Schwarz-Grün die Schatten malen.

6 Die Schritte 6 und 7 für den krakelierten Rahmen wie bei den Tomaten beschrieben arbeiten.

Äpfel

→ knackig-frisch

1   Das Motiv mit Kohlepapier auf den Keilrahmen übertragen.

2   Mit dem hintersten Apfel beginnen und immer von hell nach dunkel arbeiten. Mit dem großen Borstenpinsel erst Weiß, dann Gelb auf die hellen Stellen aufmalen und mit Maigrün verstreichen, Maigrün malen und mit Dunkelgrün verstreichen, zuletzt mit Schwarz den Grünton ganz dunkel malen. Dabei unbedingt die Streichrichtung beachten.

3   Mit dem Aquarellpinsel und verdünntem Grün-Schwarz die Schatten der Stiele malen.

4   Mit dem kleinen Borstenpinsel und verdünntem Weiß Lichter aufmalen. Mit Braun-Schwarz die Stiele aufmalen.

5   Die Hintergrundfläche mit Strukturpaste Bimsmörtel bestreichen, trocknen lassen und mit Grün-Schwarz zweimal übermalen.

6   Zuletzt zum Schutz des Bildes Firnislack auftragen.

Tipp: Wiederholen Sie das unter Schritt 2 beschriebene Malen der Äpfel zwei- bis dreimal und variieren Sie dabei immer leicht den Farbton, den Sie zusätzlich mit etwas Wasser verdünnen. Dadurch wirken die Äpfel plastischer.

ZEITAUFWAND
ca. 3 Stunden

MATERIAL
- Keilrahmen, 30 cm x 50 cm
- Acrylfarbe in Weiß, Maigrün, Dunkelgrün, Zitronengelb, Dunkelbraun und Schwarz
- Borstenflachpinsel Größe 6 und 16
- Aquarellpinsel Größe 6
- Strukturpaste Bimsmörtel

VORLAGENBOGEN 3B

Calla

→ ganz edel

---

1 Mit dem großen Pinsel den Hintergrund in einer Mischung aus Weiß, Blau, Grün und Grau malen. Trocknen lassen und mit verdünntem Gelb überziehen.

2 Das Motiv mit Kohlepapier auf den trockenen Hintergrund übertragen.

3 Die Blüten, beginnend mit der hintersten, in Streichrichtung ausmalen: Mit dem kleinen Pinsel in Weiß anfangen und an den Schattenbereichen mit Weiß-Grau dunkler werden. Mit dem Aquarellpinsel und verdünntem Gelb die Blüten überarbeiten.

4 Die Blütenstempel oben mit Orange und nach unten dunkler mit Orange-Grau malen.

5 Die Stängel in Grüntönen malen. Die hinteren Stängel sind dunkler, ebenso die hinteren Stellen bei Überschneidungen und die Stängel insgesamt an der rechten Schattenkante; hier mit Grün-Grau malen. Die vorderen Stängel heller in einer Grün-Gelb-Weiß-Mischung ausmalen; auch hier zur Schattenkante rechts mit Grau abdunkeln.

6 Mit dem Aquarellpinsel und einer Mischung aus verdünntem Weiß-Gelb die Schrift nachzeichnen.

7 Das Bild zum Schutz mit Firnislack überstreichen.

Tipp: Übermalen Sie die dunklen Linien des Kohlepapiers bei den Schriftzügen zunächst mit verdünntem Weiß, bevor Sie sie mit Weiß-Gelb nachzeichnen.

ZEITAUFWAND
ca. 4 Stunden

MATERIAL
- Keilrahmen, 30 cm x 50 cm
- Acrylfarbe in Weiß, Paynesgrau, Kobaltblau, Mittelgelb, Orange und Mittelgrün
- Borstenflachpinsel Größe 6 und 16
- Aquarellpinsel Größe 6

VORLAGENBOGEN 3B

Flamingoblumen

→ fröhlich-exotisch

1 Mit dem großen Borstenpinsel und waagerechter Linienführung den Hintergrund unten in einer Farbmischung aus Beige, Gelb und Weiß, nach oben zu mit Umbra vermischt etwas dunkler, grundieren. Trocknen lassen und den Farbauftrag wiederholen.

2 Nach dem Trocknen das Bildmotiv auf den Hintergrund übertragen.

3 Mit dem kleinen Borstenpinsel erst die hinteren Flaschen mit senkrechten Pinselstrichen in verschiedenen Gelb-Orange-Rot-Mischungen ausmalen. Dann die vorderen Flaschen ausmalen. An manchen Vasen den Grundfarbton mit Weiß aufhellen und senkrechte Lichtstreifen aufmalen.

4 Die Blumen in Orange-Rot in Streichrichtung ausmalen und mit Weiß Lichter hinein streichen. Eine Blüte in Weiß malen. An den Schattenbereichen den Weißton mit etwas Umbra vermischen. Über die trockene Blüte etwas Gelb, mit viel Wasser verdünnt, malen.

5 Die Blütenstempel in der Mitte mit Orange malen, oben mit etwas Weiß aufgehellt, nach unten mit Umbra abgedunkelt. Die Stängel mit dem Aquarellpinsel in verdünntem Dunkelgrün ausmalen.

6 Das Bild zum Schutz mit Firnislack überstreichen.

ZEITAUFWAND
ca. 5 Stunden

**VORLAGEN-
BOGEN 4B**

MATERIAL
- Keilrahmen, 40 cm x 80 cm
- Acrylfarbe in Weiß, Beige, Umbra, Gelb, Ocker, Orange, Zinnoberrot, Dunkelgrün und Schwarz

- Borstenflachpinsel Größe 6 und 20
- Aquarellpinsel Größe 6

Christrosen

→ nicht nur zur Winterzeit

1 Das Motiv mit Kohlepapier auf die Leinwand übertragen. Schrift und Linien vom Hintergrund noch nicht übertragen.

2 Den Hintergrund mit dem großen Borstenpinsel in einer Mischung aus Beige, Weiß und etwas Grün grundieren.

3 Die Blüten in Weiß und wenig Weiß-Ocker ausmalen. Zum Mittelpunkt und an der Schattenkante mit einer Mischung aus Weiß, Grün und Grau dunkler werden. Mit dem kleinen Borstenpinsel Gelb und Grün in die Blütenmitte tupfen. Grün-Grau an den Schattenstellen malen.

4 Den Schriftzug und die Linien auf das trockene Bild übertragen und mit dem Aquarellpinsel in verdünntem Grau ausmalen. Ebenso die Blütenblätter umranden, die Blattadern und Pollenstiele in der Blütenmitte zeichnen.

5 Mit verdünntem Weiß die Blattadern auf den grünen Blättern so nachzeichnen, dass die dunkle Linie unten ist.

6 Gelbe Punkte als Staubgefäße in die Blütenmitte tupfen und auf jedes Staubgefäß nach unten einen Schatten aus verdünntem Grau zeichnen.

7 Das Bild mit Firnislack überstreichen, um es vor Schmutz zu schützen.

Tipp: Halten Sie den Aquarellpinsel senkrecht an der silbernen Zwinge fest und malen Sie mit wenig Farben in den Pinselhaaren. So bekommen Sie die feinsten Linien.

ZEITAUFWAND
ca. 3 Stunden

MATERIAL
- Keilrahmen, 30 cm x 40 cm
- Acrylfarbe in Weiß, Goldgelb, Ocker, Dunkelgrün, Beige und Paynesgrau
- Borstenflachpinsel Größe 4 und 8
- Aquarellpinsel Größe 4

VORLAGENBOGEN 4A

Cosmea

→ *ganz zart*

ZEIT-
AUFWAND
ca. 4 Stunden

MATERIAL
- Keilrahmen,
  40 cm x 60 cm
- Acrylfarbe in Weiß,
  Kobaltblau, Violett,
  Karminrot, Gelb
  und Mittelgrün
- Borstenrundpinsel
  Größe ø 5 cm
- Borstenflachpinsel
  Größe 4
- Aquarellpinsel
  Größe 6
- Lackmaler in Weiß

VORLAGEN-
BOGEN 4A

1 Den Hintergrund mit dem Borstenrundpinsel in einer Mischung aus Weiß, Blau, Grün und Gelb grundieren. Für einen zweiten Farbauftrag die Farben Rot, Violett und Blau mit Wasser verdünnen und über die erste, trockene Farbschicht streichen, dabei in der Mitte besonders hell bleiben, nach oben und zum Rand hin mit Blau-Violett dunkler werden.

2 Das Motiv mit Kohlepapier auf den Hintergrund übertragen.

3 Mit dem Borstenflachpinsel die Blüten in verschiedenen Violett-Rot-Weiß-Mischungen in Streichrichtung ausmalen, beginnend mit den hinteren, etwas dunkleren Blütenblättern. Die Rechtecke am Rand gleich mitmalen, wenn ein Farbton angemischt ist.

4 Die Blütenmitte mit einer Weiß-Gelb-Mischung malen und nach unten einen Schatten in Rot-Grün (ergibt Grau) zeichnen.

5 Den Grünton mit Wasser verdünnen und mit dem Aquarellpinsel die Stängel und Blätter zeichnen. Den Grünton dabei variieren: mit Gelb versetzt heller werden und mit Blau gemischt abdunkeln.

6 Mit dem weißen Lackmaler und einem Lineal die Linien am Rand zeichnen.

7 Das fertige Bild mit Firnisspray überziehen.

DIESES BUCH ENTHÄLT 4 VORLAGENBOGEN

IMPRESSUM

FOTOS: frechverlag GmbH, 70499 Stuttgart; Fotostudio Ullrich & Co., Renningen
DRUCK: frechdruck GmbH, 70499 Stuttgart

Materialangaben und Arbeitshinweise in diesem Buch wurden von der Autorin und den Mitarbeitern des Verlags sorgfältig geprüft. Eine Garantie wird jedoch nicht übernommen. Autorin und Verlag können für eventuell auftretende Fehler oder Schäden nicht haftbar gemacht werden. Das Werk und die darin gezeigten Modelle sind urheberrechtlich geschützt. Die Vervielfältigung und Verbreitung ist, außer für private, nicht kommerzielle Zwecke, untersagt und wird zivil- und strafrechtlich verfolgt. Dies gilt insbesondere für eine Verbreitung des Werkes durch Fotokopien, Film, Funk und Fernsehen, elektronische Medien und Internet sowie für eine gewerbliche Nutzung der gezeigten Modelle. Bei Verwendung im Unterricht und in Kursen ist auf dieses Buch hinzuweisen.

Auflage: 5. 4. 3.
Jahr: 2008 2007 2006 2005   [Letzte Zahlen maßgebend]

© 2004 frechverlag GmbH, 70499 Stuttgart

ISBN 3-7724-3343-X
Best.-Nr. 3343